Ist es nicht Freude, was man entdeckt hat, weiterzugeben . . .

Konfuzius

Artha Verlag

Erkenntnisse für alle Lebenslagen

aus der Sammlung des Lion von Quint

»Nimm Dir Zeit«

Nimm Dir Zeit zum DENKEN
es ist die Quelle der Kraft.

Nimm Dir Zeit zum SPIELEN
es ist das Geheimnis ewiger Jugend.

Nimm Dir Zeit zum LESEN
es ist der Ursprung der Weisheit.

Nimm Dir Zeit zum BETEN
es ist die größte Kraft der Welt.

Nimm Dir Zeit zu LIEBEN und GELIEBT zu werden
es ist ein gottgegebener Vorzug.

Nimm Dir Zeit zum FREUNDLICHSEIN
es ist der Weg um glücklich zu werden.

Nimm Dir Zeit zum LACHEN
es ist die Musik der Seele.

Nimm Dir Zeit zum GEBEN
der Tag ist zu kurz um egoistisch zu sein.

Nimm Dir Zeit zur ARBEIT
sie ist der Beginn des Erfolges.

Nimm Dir Zeit GUTES ZU TUN
denn dies ist der Schlüssel zum Himmel.

Aus Island

Menschen
treten in unser
Leben
und begleiten uns
eine Weile.
Einige bleiben
für immer,
denn sie hinterlassen
ihre Spuren
in unseren
Herzen.

Flavia

Heute ist der Tag,
um glücklich zu sein!
Kein anderer Tag ist
dir gegeben
als der Tag von heute,
um zu leben,
um zufrieden
und fröhlich zu sein.
Du lebst viele Tage:
aber immer nur "heute!"
Lion von Quint

All das wünsche ich Dir

Freude, Liebe, Glück, Zuversicht,
Gelassenheit, Demut.

Aber auch Menschen, die Dir in
Weisheit, Güte und Liebe begegnen,
die Dich bestätigen, Dich anregen,
Dir Vorbild sein können und die Dir
weiterhelfen, wenn Du traurig bist -
müde - und erschöpft.

Ich wünsche Dir genügend
Erholung und ausreichend Schlaf;
Arbeit, die Freude macht;
Menschen, die Dich mögen und
bejahen und Dir Mut machen.

Ich wünsche Dir zur rechten Zeit
das richtige Wort.

Der grösste Luxus,
den man sich
leisten sollte,
ist,
keinen Luxus zu
haben,
sondern Zeit.
Lion von Quint

DESIDERATA - Sei gelassen inmitten von Lärm und Hast und denk an den Frieden, der in der Stille liegen kann. Soweit dies möglich ist, ohne Dich selbst aufzugeben, vertrage Dich gut mit allen Leuten. Sag Deine Wahrheiten ruhig und klar und höre die anderen an, sogar die Dummen und Unwissenden; auch sie haben etwas zu erzählen. Meide laute und angriffige Personen; sie stören den Geist. Wenn Du Dich mit anderen vergleichst, magst Du eitel oder bitter werden; denn es wird immer größere und kleinere Menschen als Dich geben. Genieße, was Du erreicht hast, und freue Dich Deiner Pläne. Bleibe voll Interesse an Deinem Beruf, was er auch immer sein mag; er ist ein wirklicher Besitz im Wandel der Zeiten. Nimm Deine Geschäfte immer mit Umsicht wahr, denn die Welt ist voll Arglist. Aber laß Deine Augen darob nicht blind werden für das, was an Tugenden vorhanden ist; viele Menschen streben nach hohen Idealen, und überall ist das Leben voll Heldenmut. Sei Dir selbst treu. Täusche insbesondere keine Zuneigung vor. Sei auch nicht zynisch der Liebe gegenüber, denn sie ist angesichts aller Härten und Enttäuschungen, so beständig wie das Gras.
Nimm das, wozu Dir die Jahre raten, gern entgegen und gib die Dinge Deiner Jugend mit Gelassenheit auf.
Pflege die Zucht des Geistes, damit Du in einem plötzlichen Schicksalsschlag gewappnet bist. Aber mach Dich nicht unglücklich mit Dingen, die Du Dir einbildest. Manche Furcht hat ihren Ursprung in Müdigkeit und Einsamkeit. Außer einer gesunden Selbstdisziplin - sei nett mit Dir selbst. Du bist ein Kind des Universums, nicht weniger als es Bäume und Sterne sind. Du hast ein Recht darauf, hier zu sein. Und ob Du es begreifst oder nicht, das Universum entfaltet sich so, wie es sollte. Leb deshalb in Frieden mit Gott, wen immer Du dafür hältst, und leb in Frieden mit Deiner Seele, was immer Dein Tun und Streben im lärmigen Durcheinander des Lebens sei. Trotz aller Plackerei, aller Enttäuschungen und aller zerbrochenen Träume: die Welt ist doch schön.

Gefunden in der Old Saint Paul's Church in Baltimore, Neuengland, datiert 1692

Manche Menschen wissen nicht,
wie wichtig es ist,
daß sie da sind.

Manche Menschen wissen nicht,
wie gut es ist,
sie nur zu sehen.

Manche Menschen wissen nicht,
wie tröstlich
ihr gütiges Lächeln wirkt.

Manche Menschen wissen nicht,
wie wohltuend
ihre Nähe ist.

Manche Menschen wissen nicht,
wieviel ärmer
wir ohne sie wären.

Manche Menschen wissen nicht,
daß sie ein Geschenk des Himmels sind.

Sie wüßten es,
würden wir es ihnen sagen.

Petrus Ceelen

Von den Kindern

Eure Kinder sind nicht Eure Kinder.
Sie sind die Söhne und Töchter
der Sehnsucht des Lebens nach sich selbst.
Sie kommen durch Euch, doch nicht von Euch;
Und, sind sie auch bei Euch,
so gehören Sie Euch nicht.

Ihr dürft ihnen Eure Liebe geben,
doch nicht Eure Gedanken,
denn sie haben ihre eigenen.
Ihr dürft ihren Körpern ein Haus geben,
aber nicht ihren Seelen.
Denn ihre Seelen leben in dem Haus von Morgen,
das Ihr nicht besuchen könnt,
nicht einmal in Euren Träumen.

Ihr dürft Euch bemühen, wie sie zu sein,
aber versucht nicht,
sie Euch ähnlich zu machen.
Denn das Leben läuft nicht rückwärts,
noch verweilt es im Gestern.
Ihr seid die Bogen, von denen Eure Kinder
als lebende Pfeile entsandt werden.

Khalil Gibran

Die Arbeit läuft Dir nicht davon,
wenn Du Deinem Kind
den Regenbogen zeigst.
Aber der Regenbogen wartet nicht,
bis Du mit der Arbeit
fertig bist!
Aus China

Kinder

Sind so kleine Hände
winz'ge Finger dran.
Darf man nie drauf schlagen
sie zerbrechen dann.

Sind so kleine Füße
mit so kleinen Zehn.
Darf man nie drauf treten
könn sie sonst nicht geh'n.

Sind so kleine Ohren
hört und ihr erlaubt.
Darf man nie zerbrüllen
werden davon taub.

Sind so schöne Münder
sprechen alles aus.
Darf man nie verbieten
kommt sonst nichts mehr raus.

Sind so kleine Augen
die noch alles seh'n.
Darf man nie verbinden
könn sie nichts versteh'n.

Sind so kleine Seelen
offen und ganz frei.
Darf man niemals quälen
geh'n kaputt dabei.

Ist so'n kleines Rückgrat
sieht man fast noch nicht.
Darf man niemals beugen
weil es sonst zerbricht.

Grade, klare Menschen
wär'n ein schönes Ziel.
Leute ohne Rückgrat
hab'n wir schon zuviel.

Bettina Wegener

Macht der Liebe

Ehre	ohne Liebe	macht hochmütig.
Macht	ohne Liebe	macht grausam.
Pflicht	ohne Liebe	macht verdrießlich.
Besitz	ohne Liebe	macht geizig.
Glaube	ohne Liebe	macht fanatisch.
Klugheit	ohne Liebe	macht betrügerisch.
Wahrheit	ohne Liebe	macht kritiksüchtig.
Ordnung	ohne Liebe	macht kleinlich.
Gerechtigkeit	ohne Liebe	macht hart.
Sachkenntnis	ohne Liebe	macht rechthaberisch.
Freundlichkeit	ohne Liebe	macht heuchlerisch.
Verantwortung	ohne Liebe	macht rücksichtslos.

Lao Tse

Wenn nicht
geschehen wird,
was wir wollen,
so wird geschehen,
was für uns besser ist.

Martin Luther

**Das einzig Wichtige
im Leben sind die
Spuren von Liebe,
die wir hinterlassen,
wenn wir ungefragt
weggehen und
Abschied nehmen
müssen.**

Albert Schweitzer

Wo befreundete Wege
zusammenlaufen,
da sieht die ganze Welt
für eine Stunde
wie Heimat aus.
Hermann Hesse

Jugend

ist nicht
ein Lebensabschnitt,
sie ist ein Zustand.
Niemand wird alt,
weil er eine Anzahl Jahre
hinter sich gebracht hat.
Man wird nur alt,
wenn man seinen Idealen
Lebewohl gesagt hat.
Mit den Jahren
runzelt die Haut,
mit dem Verzicht
auf Begeisterung
aber runzelt die Seele.

Albert Schweitzer

Wenn der Mensch
täglich seine
Streicheleinheiten
bekommt,
strahlt er,
wenn nicht,
verkümmert er.

Ruth Knebel

Liebe ist die Fähigkeit
und die Bereitschaft,
den Menschen,
an denen uns gelegen ist,
die Freiheit zu lassen,
zu sein,
wie sie sein wollen.

Gleichgültig,
ob wir uns damit
identifizieren können
oder nicht.

Zu dir

Auf dem Weg
zu dir
mußt du
in deinem
eigenen Tempo
gehen.

Versuchst du
dich
in der
Geschwindigkeit
eines anderen,
kommst du
nie an
bei dir.

Roland Strauß

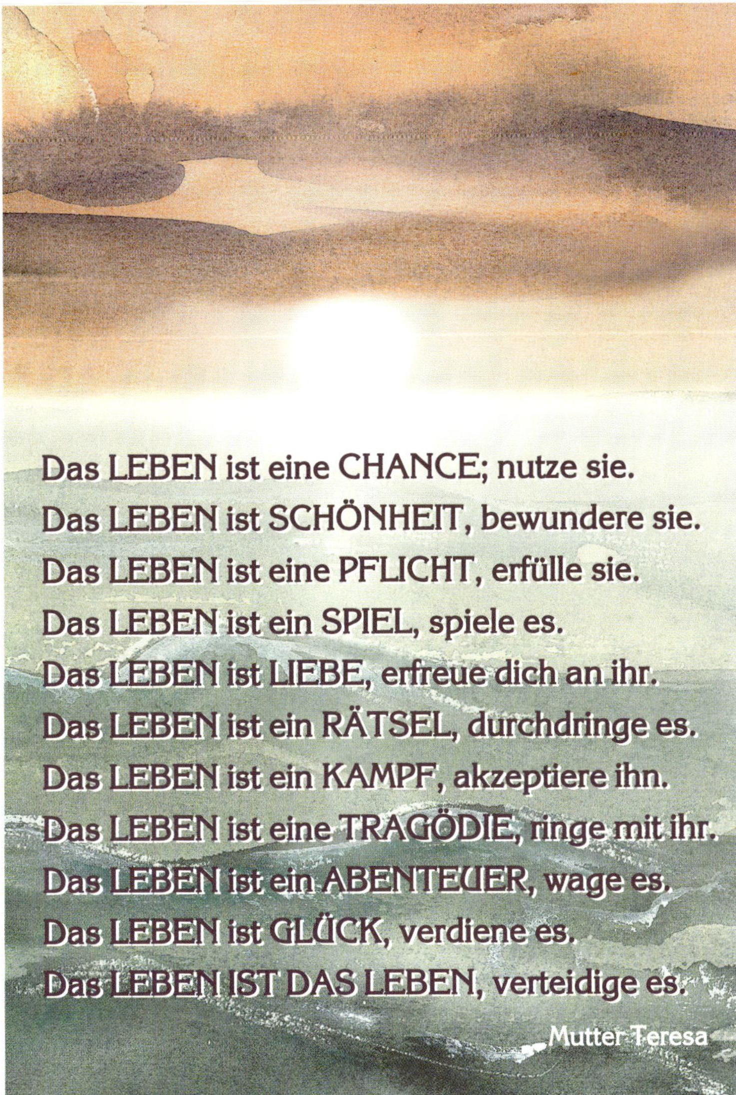
Das LEBEN ist eine CHANCE; nutze sie.
Das LEBEN ist SCHÖNHEIT, bewundere sie.
Das LEBEN ist eine PFLICHT, erfülle sie.
Das LEBEN ist ein SPIEL, spiele es.
Das LEBEN ist LIEBE, erfreue dich an ihr.
Das LEBEN ist ein RÄTSEL, durchdringe es.
Das LEBEN ist ein KAMPF, akzeptiere ihn.
Das LEBEN ist eine TRAGÖDIE, ringe mit ihr.
Das LEBEN ist ein ABENTEUER, wage es.
Das LEBEN ist GLÜCK, verdiene es.
Das LEBEN IST DAS LEBEN, verteidige es.
Mutter Teresa

Gebet

Bewahre mich
vor dem naiven Glauben,
es müßte im Leben
alles glatt gehen.
Schenke mir
die nüchterne Erkenntnis,
daß Rückschläge
eine Zugabe zum Leben sind,
durch die wir wachsen und reifen.

Wir bedürfen der Freundschaft.
Gib, daß ich diesem
schönsten Geschenk des Lebens
gewachsen bin.
Schicke mir jemand,
der den Mut hat,
die Wahrheit in Liebe zu sagen.

Antoine de Saint-Exupéry

Das wünsche ich Dir

Mögen sich die Wege vor Deinen
Füßen ebnen,
mögest Du den Wind
im Rücken haben,
möge die Sonne
warm Dein Gesicht bescheinen,
möge Gott seine schützende Hand
über Dir halten.

Mögest Du in Deinem Herzen
dankbar bewahren,
die kostbare Erinnerung
der guten Dinge in Deinem Leben.

Aus Irland

Achte auf Deine Gedanken,
denn sie werden Deine Worte.

Achte auf Deine Worte,
denn sie werden Handlungen.

Achte auf Deine Handlungen,
denn sie werden Gewohnheiten.

Achte auf Deine Gewohnheiten,
denn sie werden Dein Charakter.

Achte auf Deinen Charakter,
denn er wird Dein Schicksal!

Talmud

Wende dein Gesicht
immer der Sonne zu,
dann fallen die Schatten
hinter dich.
Thailändisches Sprichwort

Die Ehe
ist eine Brücke,
die man täglich
neu bauen
muß.

Am besten
von beiden Seiten

Ulrich Beer

Glück ist,
wenn man sich
auch an Dingen
erfreuen kann,
die ohne Geld
zu haben sind.

Frei nach I GING

Leben ist mehr

Leben ist mehr als Rackern und Schuften,
Leben ist mehr als Kohle und Kies,
Leben ist mehr als Warten auf morgen,
Leben ist jetzt, *Leben ist* dies.

Leben ist mehr als Hetzen und Jagen,
Leben ist mehr als nur Theorie,
Leben ist mehr als Zweifeln und Fragen,
Leben ist hier, jetzt oder nie.

Leben ist Träumen, Lachen und Weinen,
Leben ist Zärtlichkeit und Gefühl.
Leben ist Lust und *Leben ist* Liebe,
Zeit für Musik und Zeit für ein Spiel.

Leben ist miteinander zu reden,
Leben ist aufeinander zu bauen,
Leben ist für einander zu kämpfen,
Leben ist Hoffnung, Mut und Vertrau´n.

Rolf Zukowski

Sei wie die Sonne -
voller Freude und Kraft

Sei wie der Mond -
in tiefer Stille unbedacht

Sei wie die Sterne am Himmel -
so funkelnd und klar

So gehst Du durchs Leben -
wie ein Lichtstrahl durch die
Dunkelheit

M. Matini

Liebe ist,

wenn das Glück

des anderen ein

wesentlicher

Bestandteil

des eigenen

Glückes ist.

Frei nach I Ging

Von
Guten Mächten
Wunderbar geborgen,
Erwarten wir getrost,
Was kommen mag.
Gott ist mit uns
Am Abend und am Morgen
Und ganz gewiss
An jedem neuen Tag.

Dietrich
Bonhoeffer

Vielleicht

ist es nur ganz wenig
was einen Menschen
glücklich macht:

Nur ein Augenaufschlag,
ein Blick
oder ein Lächeln;

nur ein Wort,
eine Frage
oder ein Gespräch;

nur eine Kleinigkeit,
eine Entdeckung
oder was Gemeinsames;

nur ein Antippen,
eine Berührung
oder ein Streicheln;

nur eine Geste,
ein Verstehen
oder sonst was, irgendwas.

Erinnere dich in jedem Augenblick an
die Macht deiner Gedanken.
Was du beständig und beharrlich
denkst, das wirst und verwirklichst du.
Was deiner vorherrschenden
Geisteshaltung entspricht,
das ziehst du herbei.
Darum sei stets Sender froher
Gedanken!
Denn jede deiner Empfindungen hallt
in den Seelen anderer wider und
weckt Anti- oder Sympathien.
K.O. Schmidt

Achte gut auf diesen Tag
denn er ist das Leben -
das Leben allen Lebens.
In seinem kurzen Ablauf liegt alle
Wirklichkeit und Wahrheit des Daseins,
die Wonne des Wachsens,
die Größe der Tat,
die Herrlichkeit der Kraft -
denn das Gestern ist nichts als ein Traum
und das Morgen nur eine Vision.
Das Heute jedoch - recht gelebt -
macht jedes Gestern
zu einem Traum voller Glück
und jedes Morgen
zu einer Vision der Hoffnung.
Darum achte gut auf diesen Tag!

Sinnspruch aus dem Sanskrit

Es ist Unsinn
sagt die Vernunft
Es ist was es ist
sagt die Liebe

Es ist Unglück
sagt die Berechnung
Es ist nichts als Schmerz
sagt die Angst
Es ist aussichtslos
sagt die Einsicht
Es ist was es ist
sagt die Liebe

Es ist lächerlich
sagt der Stolz
Es ist leichtsinnig
sagt die Vorsicht
Es ist unmöglich
sagt die Erfahrung
Es ist was es ist
sagt die Liebe

Erich Fried

STUFEN

Wie jede Blüte welkt und jede Jugend
dem Alter weicht, blüht jede Lebensstufe,
blüht jede Weisheit und auch jede Tugend
zu ihrer Zeit und darf nicht ewig dauern.
Es muß das Herz bei jedem Lebensrufe
bereit zum Abschied sein und Neubeginne,
um sich in Tapferkeit und ohne Trauern
in andere, neue Bindungen zu geben. -
Und jedem Anfang wohnt ein Zauber inne,
der uns beschützt, und der uns hilft, zu leben.
    Wir sollen heiter Raum um Raum durchschreiten,
    an keinem wie an einer Heimat hängen,
    der Weltgeist will nicht fesseln uns und engen,
    er will uns Stuf' um Stufe heben, weiten.
Kaum sind wir heimisch einem Lebenskreise
und traulich eingewohnt, so droht Erschlaffen;
nur wer bereit zu Aufbruch ist und Reise,
mag lähmender Gewöhnung sich entraffen.
    Es wird vielleicht auch noch die Todesstunde
    uns neuen Räumen jung entgegen senden...
des Lebens Ruf an uns wird niemals enden...
Wohlan denn, Herz, nimm Abschied und gesunde!

Hermann Hesse

Glück

Glück ist Wärme, wenn es kalt ist,
Glück ist weisser Meeresstrand,
Glück ist Ruhe, die im Wald ist,
Glück ist eines Freundes Hand.

Glück ist eine stille Stunde,
Glück ist auch ein gutes Buch,
Glück ist Spass in froher Runde,
Glück ist auch ein freundlicher Besuch.

Glück ist gar nicht mal so selten,
Glück wird überall beschert,
Vieles kann als Glück uns gelten,
was das Leben uns so lehrt.

Glück ist jeder neue Morgen,
Glück ist bunte Blumenpracht,
Glück sind Tage ohne Sorgen,
Glück ist, wenn man fröhlich lacht.

Glück ist Regen, wenn es heiß ist,
Glück ist Sonne nach dem Guss,
Glück ist, wenn ein Kind ein Eis isst,
Glück ist auch ein lieber Kuss.

Clemens von Brentano

So wie einem das Licht
nicht ohne die Dunkelheit
bewußt würde,
so gibt es keine
negative Situation,
in der nicht etwas Positives
zu entdecken wäre.

Frei nach I GING

Man sieht nur mit
dem Herzen gut.

Das Wesentliche ist
für die Augen
unsichtbar.

Antoine de Saint-Exupéry

Selbst während wir unsere alltäglichen Pflichten erfüllen, praktizieren wir Mystik, wenn wir den anderen Liebe und Güte entgegenbringen. Es gibt so viele Wege, die Liebe Gottes an jene weiterzugeben, die mit uns zusammen sind: ein nettes Wort, eine hilfreiche Hand, eine zärtliche Berührung - all das kann dazu beitragen, den Tag eines anderen zu erhellen.

Sant Rajinder Singh

Manchmal, da wachsen mir Flügel ...
direkt in den Mond zu fliegen
Am nächsten Morgen bin ich dann
nicht aus dem Bett zu kriegen

Manchmal, da möchte ich weinen
grundlos scheinbar und laut
und manchmal geht mir so viel Leid
nicht mal mehr unter die Haut

Manchmal, da könnte ich lachen
stundenlang nur über mich
tausend verrückte Dinge machen
aber nichts ohne Dich

Warum scheint alles so sinnlos
wenn Du es nicht mehr teilst mit mir
was tun die Millionen Menschen
mit ihrer einsamen Gier

Ich kann zumindest noch träumen
von allem was war oder könnte sein
und in den verlassenen Räumen
mich an der Erinnerung freun

Und ich habe noch Freunde
die mich gehalten so manche Nacht
wenn ich mal wieder total daneben
weil ich zuviel an Dich gedacht

Und trotzdem noch wachsen mir Flügel
bis in den Mond zu fliegen
und irgendwann bleib ich dann einfach fort
und dort oben liegen ...

Dörte Martin-Ippich

Die wahren
Lebenskünstler
sind bereits
glücklich,
wenn
sie
nicht
unglücklich
sind.
Jean Anouilh

Der Mensch geht,

aber er läßt uns
seine Liebe,
seine Heiterkeit,
seinen Ernst,
seine Weisheit,
er läßt uns seinen Geist
zurück.

Mit diesem lebt er
unter den Seinigen weiter,
helfend und
tröstend.

August Lämmle

Es sind die
unausgesprochenen
Dinge ,

die uns krank
machen !

M.Matini

Ich wollte Milch und bekam die Flasche,
ich wollte Eltern und bekam Spielzeug,
ich wollte lernen und bekam Zeugnisse,
ich wollte Liebe und bekam Moral,
ich wollte einen Beruf und bekam einen Job
ich wollte einen Sinn und bekam eine Karriere,
ich wollte Glück und bekam Geld,
ich wollte Hoffnung und bekam Angst,
ich wollte leben...

Gedicht eines Abiturienten

Laß nicht zu,
daß du jemandem begegnest,
der nicht nach der Begegnung
mit dir glücklicher ist.
Mutter Teresa

Für mich gibt es nur
das Gehen auf Wegen
die Herz haben,

auf jedem Weg gehe ich,
der vielleicht ein Weg ist,
der Herz hat.

Dort gehe ich, und die
einzige lohnende
Herausforderung ist,

seine ganze Länge zu
gehen ...

atemlos und immerzu
schauend.

(aus Carlos Castaneda: Die Lehren des Don Juan)

Die Kinder urteilen über die Mutter:

Mit 6 Jahren:
die Mutter weiß alles,

mit 10 Jahren:
die Mutter weiß viel,

mit 15 Jahren:
wir wissen so viel wie die Mutter,

mit 20 Jahren:
die Mutter hat nicht viel Ahnung,

mit 30 Jahren:
wir könnten die Mutter fragen,

mit 40 Jahren:
die Mutter ist nicht auf den Kopf gefallen,

mit 50 Jahren:
die Mutter hat doch alles gewußt.

Viktor Arzt

Du bist so jung
wie deine Zuversicht,
so alt wie deine Zweifel,
so jung wie dein Selbstvertrauen,
so alt wie deine Furcht,
so jung wie deine Hoffnungen,
so alt wie deine Verzagtheit.

Albert Schweitzer

Ein Lächeln

Es verschafft dem Müden eine Pause,
Aufmunterung dem Mutlosen,
Sonnenschein dem Traurigen
und ist der Natur bestes Mittel
gegen Sorgen.

Es ist nicht zu kaufen,
zu leihen oder zu stehlen.
Seinen Wert erhält es dadurch,
daß man es verschenkt.

Mancher Mensch ist zu müde,
um Dir ein Lächeln zu schenken.
Schenke Du ihm ein Lächeln von Dir,
denn es hat niemand so sehr ein Lächeln
nötig wie der, der kein Lächeln
mehr geben kann.

Ein Lächeln kostet nichts,
aber es gibt so viel.
Es bereichert die, die es erhalten
ohne diejenigen ärmer zu machen, die
es geben.

Niemand ist so reich oder so mächtig,
daß er ohne es auskommt,
und niemand ist so arm,
daß er es sich nicht leisten könnte.

Ein Lächeln erzeugt Fröhlichkeit
zu Hause, fördert Wohlwollen im Beruf,
ist ein Erkennungszeichen der Freundschaft.

In jeder Minute,
die du im Ärger
verbringst,
versäumst du sechzig
glückliche Sekunden
deines Lebens.
Albert Schweitzer

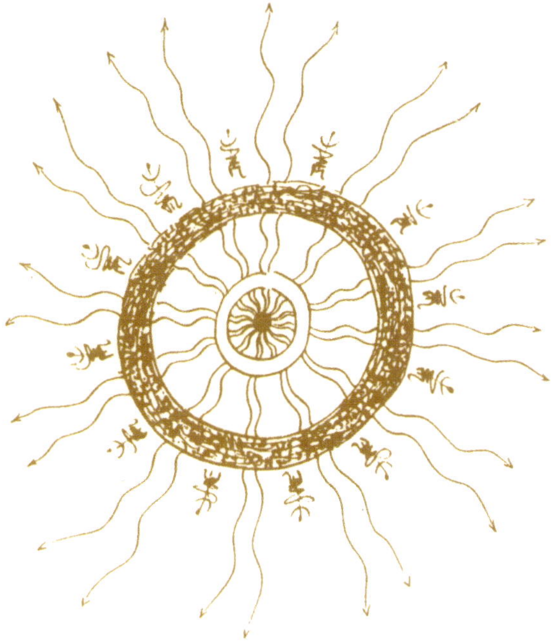

Wer Genügen hat
am Genügenden,
wird immer genug haben.

Lao Tse

Mit Geld
können wir kaufen:

Essen, aber keinen Appetit;
Ein Bett, aber keinen Schlaf;
Medizin, aber keine Gesundheit;
selbst Menschen, aber keine Freunde!

Kaufen können wir also Allerlei -
aber kein Glück;

Kaufen können wir sogar eine Kirche,
aber niemals den Himmel!

(Aus Guatemala)

Auch das ist Kunst,
ist Gottesgabe,
aus ein paar
sonnenhellen Tagen,
sich soviel Licht
ins Herz zu tragen,
daß, wenn der Sommer
längst verweht,
das Leuchten
immer noch besteht.

Goethe

Wir wären gesünder,
wenn wir
weniger Laufbahnen
und mehr
Spazierwege hätten.

Hellmut Walters

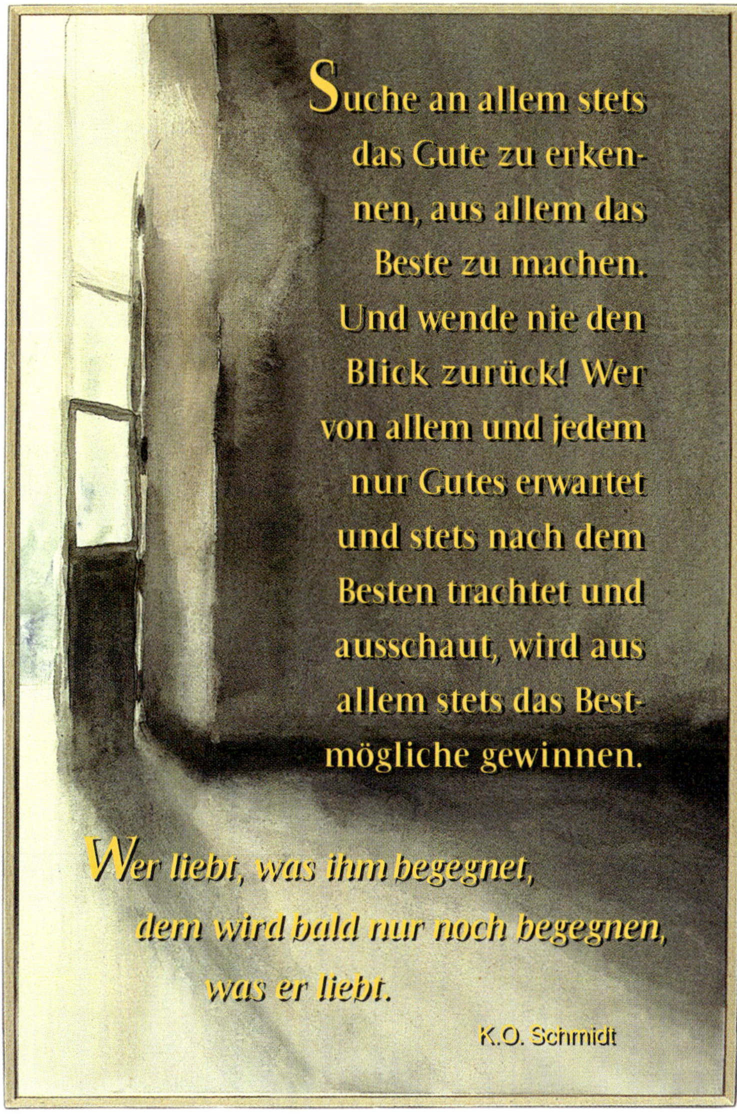
Suche an allem stets
das Gute zu erken-
nen, aus allem das
Beste zu machen.
Und wende nie den
Blick zurück! Wer
von allem und jedem
nur Gutes erwartet
und stets nach dem
Besten trachtet und
ausschaut, wird aus
allem stets das Best-
mögliche gewinnen.
Wer liebt, was ihm begegnet,
dem wird bald nur noch begegnen,
was er liebt.
K.O. Schmidt

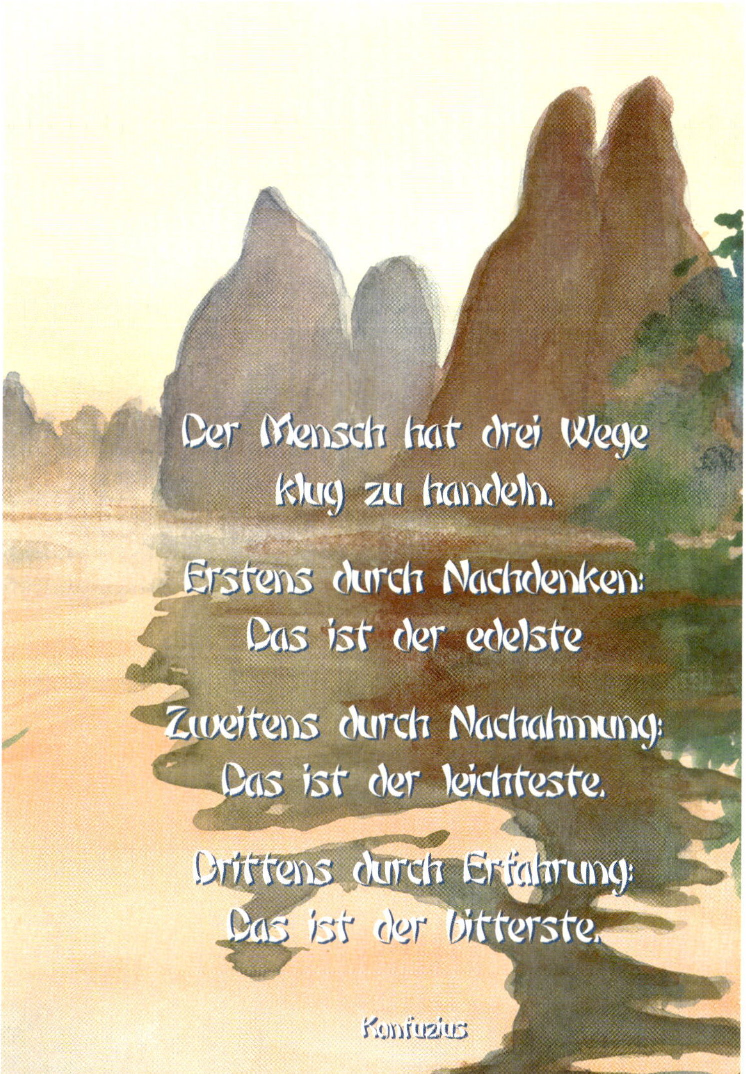
Der Mensch hat drei Wege
klug zu handeln.
Erstens durch Nachdenken:
Das ist der edelste
Zweitens durch Nachahmung:
Das ist der leichteste.
Drittens durch Erfahrung:
Das ist der bitterste.
Konfuzius

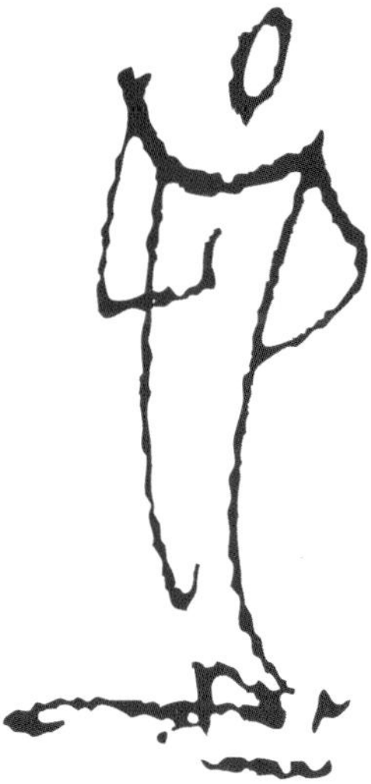

Während den Streitenden
alles streitig gemacht wird,
werden die Friedfertigen
mit allem fertig.

Lao Tse

Es ist Unsinn,
Türen zuzuschlagen,
wenn man sie
angelehnt lassen kann.

James William Fulbright

Man sollte jene
Blockade
zunichte machen,
welche der Intellekt
der echten
Erkenntnis
in den Weg legt.

Lion von Quint

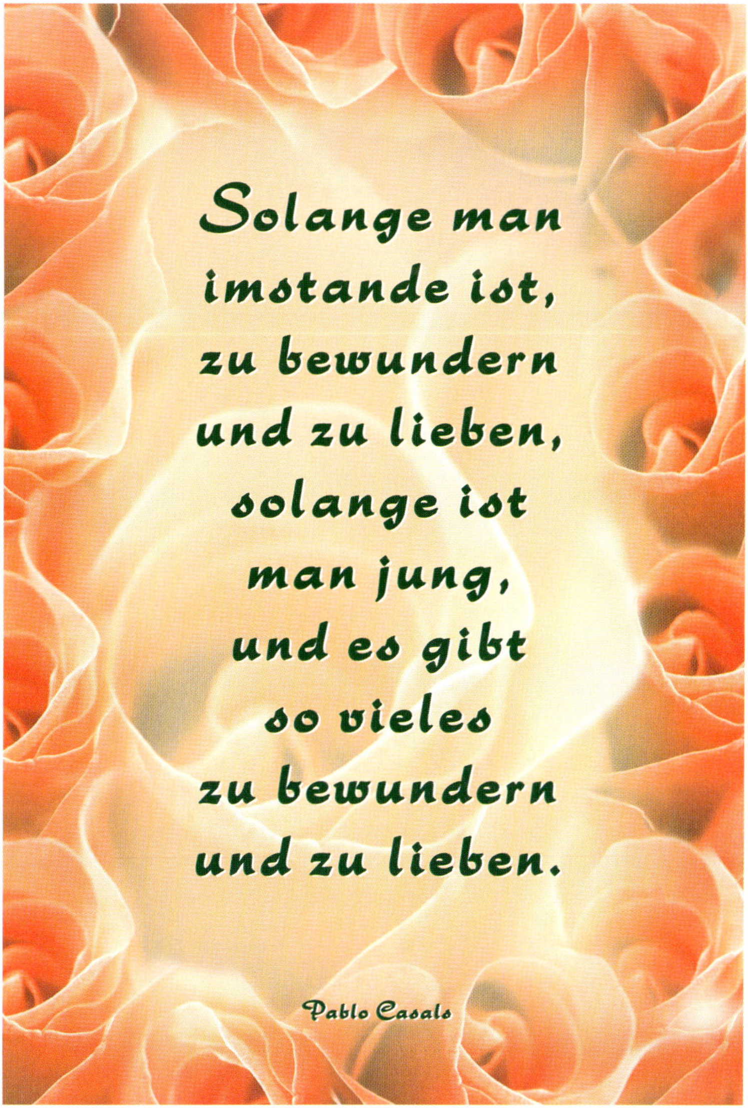
Solange man
imstande ist,
zu bewundern
und zu lieben,
solange ist
man jung,
und es gibt
so vieles
zu bewundern
und zu lieben.
Pablo Casals

Ehe man tadelt,
sollte man
immer erst versuchen,

ob man nicht
verzeihen kann.

Georg Christoph Lichtenberg

Weil das Wasser nichts will,
sondern sich gehen läßt,
erreicht es sein Ziel.

Wasser ist stärker als der Fels.
Härte wird durch Gewaltlosigkeit
besiegt.

Lao Tse

Gott gebe mir
die Gelassenheit,
Dinge hinzunehmen,
die ich nicht ändern kann,

den Mut,
Dinge zu ändern,
die ich ändern kann,

und die Weisheit,
das eine vom anderen
zu unterscheiden.

Pfarrer Oetinger

Ich will Dich lieben
ohne Dich festzuhalten,
will mir ein Urteil bilden
ohne Dich zu verurteilen,
will Dir nahe sein
ohne Dich einzuengen,
will Dich ermutigen
ohne Dich zu überfordern,
will von Dir gehen
ohne Schuldgefühle,
will an Dir Kritik üben
ohne Dich zu verletzen
und will Dir helfen
ohne Dich abhängig zu machen.

Wenn ich dasselbe
von Dir erfahren kann,
dann können wir
uns wirklich begegnen
und einander bereichern.

Virginia Satir

Wir
sind alle
Engel mit
einem Flügel,
und wenn
wir fliegen
wollen,
müssen wir
uns umarmen.
L. De Crescenzo

Man kann

im Recht sein

und trotzdem

Unrecht haben.

Frei nach I GING

Menschen
treten in unser
Leben
und begleiten uns
eine Weile.
Einige bleiben
für immer,
denn sie hinterlassen
ihre Spuren
in unseren
Herzen.

Flavia

Denke
nicht so oft
an das,
was dir fehlt,

sondern
an das,
was du hast.

Marc Aurel

Die Toten sind nicht tot,
sie sind nur unsichtbar,
sie schauen mit ihren
Augen voller Licht
in unsere
Augen voller Trauer
Augustinus

Man sollte
den Hochmut
des
„Allein-Besitzens
von Wahrheit“
überwinden.

Lion von Quint

Sobald wir verstanden haben,
daß das Geheimnis des Glücks
nicht im Besitz liegt,
sondern im Geben,
werden wir, indem
wir um uns herum
glücklich machen,
selbst glücklich sein.

Frei nach I GING

Nicht was Du tust
ist das Wahre,
sondern die Liebe,
die Du in alles gibst.

Der Schmerz ist
ein heiliger Engel,
und durch ihn sind Menschen
größer geworden
als durch alle Freuden
der Welt.
Adalbert Stifter

Intelligente Menschen

beobachten alles,

dumme haben an allem

etwas auszusetzen.

Heinrich Heine

Wenn du nicht
bereit bist,

dein Leben zu
ändern,

kann dir nicht
geholfen werden.

Hippokrates

Jedesmal, wenn
ein Mensch lacht,
fügt er seinem
Leben ein paar
Tage hinzu!

Malaparte

Gut zu wissen,
daß man am Ende
eines Tages
ein gutes Buch
vorfindet.

Das macht
diesen Tag
glücklicher.

Inhalt

ISBN 3-89575-127-8
ISBN 978-3-89575-127-1

D 87466 Oy-Mittelberg / Haslach

Umschlaggestaltung & Illustrationen: Volker Loskill
Gesamtkonzeption: Manfred Ullmer
Druck: Steinmeier, Nördlingen

Weitere Bücher des Autors aus dem Artha Verlag

Weg zur Kraft

Hermann Hesse schrieb schon im Sommer 1919: „Die Weisheit, die uns Not tut, steht bei LAO TSE, und sie ins „Europäische" zu übersetzen, ist die einzige Aufgabe, die wir zur Zeit haben."

Taschenbuch mit vielen Graphiken
112 Seiten
ISBN 978-3-89575-126-4

Ehre	ohne Liebe	macht hochmütig.
Macht	ohne Liebe	macht grausam.
Pflicht	ohne Liebe	macht verdrießlich.
Besitz	ohne Liebe	macht geizig.
Glaube	ohne Liebe	macht fanatisch.
Klugheit	ohne Liebe	macht betrügerisch.
Wahrheit	ohne Liebe	macht kritiksüchtig
Ordnung	ohne Liebe	macht kleinlich.
Gerechtigkeit	ohne Liebe	macht hart.
Sachkenntnis	ohne Liebe	macht rechthaberisch.
Freundlichkeit	ohne Liebe	macht heuchlerisch.
Verantwortung	ohne Liebe	macht rücksichtslos.

Lao Tse

Das besondere Buch für die ganze Familie:

Das große Buch der
STERNEN-MÄRCHEN

26 spannende Geschichten für Jung und Alt über die bekanntesten Sternbilder an unserem Abendhimmel mit mehr als 70 Sternbildern und über 60 farbigen Illustrationen reicht bebildert.

Hardcover
240 Seiten
ISBN 978-3-89575-128-8

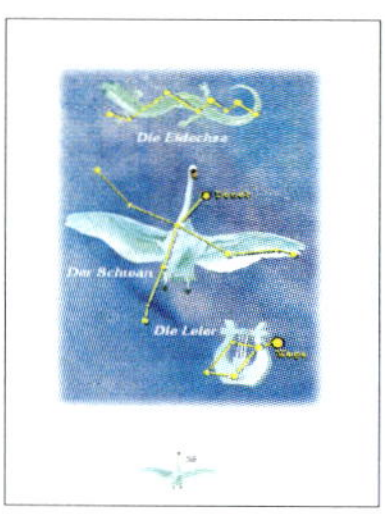

Die von Manfred Ullmer zusammengestellten Bücher bestechen durch ihre einmalige Anmut und Schönheit.

Bezaubernde meditative Mandalas,
die bis in die tiefsten Schichten unserer Seele hineinwirken.
Texte, die zum Nachdenken und Träumen anregen.

All das wünsche ich Dir
64 Seiten
ISBN 978-3-89575-121-9

Wege durch das Leben
64 Seiten
ISBN 978-3-89575-119-6

Neue Wege durch das Leben
64 Seiten
ISBN 978-3-89575-122-6

Gedanken auf dem Weg
64 Seiten
ISBN 978-3-89575-117-2

Mit einem Augenzwinkern und liebevoll provozierend will Ihnen Manfred Ullmer mit diesem Buch neue Denkanstöße geben.

Sprüche und Pointen
64 Seiten
ISBN 978-3-89575-125-7

Julio Roberto - Preisträger des “pax mundi“

Alle Antworten sind in Dir

ISBN 978-3-89575-086-1

Julio Roberto ist es meisterhaft gelungen, Denkanstöße zu geben, um die Antworten, die in uns allen ruhen, wirklich zu finden. Die ansprechenden farbigen Zeichnungen verstärken und unterstreichen diese Aussagen zusätzlich. 48 Seiten

Letztlich könnten wir doch Brüder sein

ISBN 978-3-89575-088-5

Der weltbekannte Brief des Häuptling Seattle aus dem Jahre 1854 an den damaligen amerikanischen Präsidenten und die Antwort eines Mannes der heutigen Zeit.

Eines der schönsten ökologischen Gedichte, das heute den Weitblick des "Wilden" erschaudernd deutlich macht.

Die ansprechenden farbigen Zeichnungen untermalen die Einmaligkeit dieser Ausgabe.
50 Seiten

7 kleine Büchlein von Julio Roberto

Auf jeder Seite erwartet Sie eine stimmungsvolle, auf den Inhalt abgestimmte Farbzeichnung und ein Text, wie er nur aus der Feder dieses Philosophen und Dichters fließen kann.
Format: 10,5 x 8,5 cm

Briefe der Liebe
ISBN 978-3-89575-089-2

Briefe der Hoffnung
ISBN 978-3-89575-090-8

Briefe der Jugend
ISBN 978-3-89575-094-6

Briefe der Freude
ISBN 978-3-89575-091-5

Briefe eines Freundes
ISBN 978-3-89575-093-9

Briefe an mich selbst
ISBN 978-3-89575-092-2

Briefe an die Frau
ISBN 978-3-89575-095-3

Artha
Grüntenseestr. 30 c
D 87466 Oy-Mittelberg/Haslach

Bücher zum Lesen, Denken und Verändern